Achtsamkeit
&
emotionale Intelligenz

Mit Achtsamkeitstraining & Emotionsregulation die Gedanken, Gefühle & Emotionen regulieren - Empathie & Resilienz lernen für mehr Zufriedenheit & Glück - Buch

Inhaltsverzeichnis

Achtsamkeit und emotionale Intelligenz: Das eigene „Ich“, das Umfeld und die Zufriedenheit

Der Weg zu Veränderungen ist ein Pfad, den jeder in seinem Leben immer wieder beschreitet. Grund dafür ist vielleicht die falsche Einstellung zu bestimmten Situationen im Leben, die einem schmerzlich vor Augen geführt werden. Es gibt überall Ecken und Kanten, die im Weg sind und ein Hindernis darstellen, das mitunter unüberwindbar erscheint. Dazu gibt es diese Gefühle, die sich im Kopf breitmachen und Ihnen keine Möglichkeit geben, Chancen wahrzunehmen, die Sie wieder ein Stück weiterbringen. Das Ziel eines jeden ist doch letztendlich Zufriedenheit. Sie stellt sich allumfassend dar und beschränkt sich nicht nur auf einen Bereich. Zufriedenheit im Job und im privaten Bereich ist das Größte, was ein Mensch erreichen kann. Doch was bedeutet Zufriedenheit. Es ist nicht nur eine Eigenschaft, sondern umfasst eine ganze Reihe von Fähigkeiten, die Ihnen dabei behilflich sind, um endlich das allumfassende, unendliche Wohlgefühl zu erlangen.

Stellen Sie sich ein Chemielabor vor, wo Sie ein wenig Achtsamkeit, emotionale Intelligenz, eine Prise Gefühle sowie Glück und ein Stück Ihrer Persönlichkeit in ein

Reagenzglas geben. Diese Substanzen, die Sie zusammengeführt haben, beginnen miteinander zu reagieren und erzeugen einen ganz neuen, noch nicht dagewesenen Effekt. Diese Substanz verhilft Ihnen dazu, eine neue Sichtweise zu erlangen, Ihr Leben zu entschleunigen, achtsamer mit sich selbst und den Menschen in Ihrem Umfeld zu sein, das eigene „Ich“ mit allen Stärken und Schwächen zu akzeptieren und eine kompromisslose, innere Zufriedenheit zu erlangen.

Wie sieht das richtige Mischungsverhältnis aus? Mehr Freude im Job ist beispielsweise eine Frage der eigenen Einstellung und Achtsamkeit. Denn nicht selten stellt sich durch die moderne Büroarbeit Stress, Konzentrationsmangel, Zerstreuung und körperliche Anspannung ein. Ein gutes Gegengift ist dafür Achtsamkeit. Dabei geht es aber nicht darum, was Sie alles machen, sondern was Sie jetzt, in diesem Moment tun.

Dahinter verbirgt sich kein esoterischer Schnickschnack, sondern eine interessante Methode, um einen besonderen Zustand der Wahrnehmung und des Bewusstseins zu erreichen, der sich leicht in den Alltag, beruflich und privat, integrieren lässt.

Ein weiterer Bestandteil ist die emotionale Intelligenz (EQ), die Ihnen zu mehr Erfolg auf ganzer Linie verhelfen kann. Gemäß der Wissenschaft gibt es 9 Arten von Intelligenz. Die interpersonelle oder intrapersonelle Intelligenz sind wichtige Säulen der emotionalen Intelligenz. Doch was verbirgt sich hinter dem Konzept von EQ? Wie viel brauchen Sie davon, um Gefühle zu kontrollieren, Zufriedenheit zu erlangen, die richtigen Soft Skills zu finden und erfolgreich zu sein?

Und dann gibt es dieses Glück, wonach jeder sucht. Das Glück als solches finden Menschen in der Zufriedenheit. Denn es ist nicht das Glück selbst, was glücklich macht. Es ist die Lebenszufriedenheit. Doch wie lässt sich diese Zufriedenheit erlangen, die eigentlich ein Bestandteil des biologischen, sozialen und psychischen Wohlbefindens ist?

Zudem gibt es diese Gefühle, die einen Menschen in einen Rauschzustand versetzen oder ihn dazu bringen, sich klein und unscheinbar zu fühlen. Gefühle sind ein wichtiger Bestandteil der Mixtur und dürfen auf keinen Fall vergessen werden. Unterdrückte Gefühle machen nämlich auf Dauer krank. Genauso wichtig ist aber auch die Emotionsregulation, da Sie nicht zu jeder passenden und unpassenden Gelegenheit Ihre Gefühle herauslassen können. Doch wie lassen sich Gefühle kontrollieren?

Zu all diesen unterschiedlichen Fragen erhalten Sie nachfolgend interessante Informationen, Ratschläge und

Antworten, um mit Achtsamkeit, emotionaler Intelligenz und Gefühlen mehr Zufriedenheit zu erlangen und Ihr Leben entschleunigen.

Mehr Achtsamkeit erlangen

Haben Sie sich schon einmal die Frage gestellt, wo Sie leben? Damit ist nicht das Land, die Region oder die Stadt gemeint. Vielmehr geht es bei der Frage darum, ob Sie wirklich im Hier und Jetzt leben und ganz bei sich selbst sind. Das mag Ihnen jetzt vielleicht ein wenig verrückt erscheinen, doch darum geht es bei Achtsamkeit!

Doch was ist Achtsamkeit eigentlich? Bei dem Begriff handelt es sich ursprünglich um eine alte Vorstellung aus dem Buddhismus. Wenn Sie heute Wissenschaftler zu diesem Begriff befragen, erhalten Sie die Definition, dass es sich dabei um intensive Aufmerksamkeit handelt, die Menschen auf das gegenwärtige Leben richten. Die Art und Weise ist dabei ebenso akzeptierend, wie offen. Anders ausgedrückt bedeutet Achtsamkeit das bewusste Wahrnehmen und Erleben von aktuellen Momenten, die gerade passieren. Das Wahrnehmen und Erleben umfasst dabei Gedanken, Gefühle, körperliche Vorgänge, Sinneseindrücke und alle realen Geschehnisse um Sie herum und Ihrer inneren Wahrnehmung. Es findet keine Wertung statt! Das bedeutet, dass Sie nur wahrnehmen, ohne einzuordnen, zu kategorisieren oder nach “negativ” oder “positiv” zu bewerten. Auch wenn das jetzt für Sie nach Esoterik klingt, verbirgt sich hinter wertfreiem

Beobachten und Gegenwart akzeptieren ein Zustand des Bewusstseins, den Sie lernen und einsetzen können. Durch Achtsamkeit kann sich eine Steigerung des Selbstbewusstseins einstellen, da der Fokus nicht nur auf der Umwelt, sondern auf Ihnen selbst liegt. Dabei lernen Sie Ihre eigenen Gefühle und Gedanken besser kennen.

Das ist doch schon einmal ein guter Ansatz, der sich in das Leben integrieren lässt. Denn Zufriedenheit beruht letztendlich darauf, dass Sie mit sich selbst im Reinen sind!

Zitat: *„Du kannst die Wellen nicht stoppen, aber du kannst lernen zu surfen.“* Jon Kabat Zinn

Diese Vorteile bietet Ihnen Achtsamkeit

Die Kenntnis um die eigenen Stärken und Schwächen sowie ein größeres Selbstbewusstsein sind nicht das Einzige, was Sie durch Achtsamkeit erlangen. Weltweit haben sich zahlreiche Wissenschaftler mit Achtsamkeit auseinandergesetzt und haben dabei verschiedene Einsichten erlangt. Dass diese Erkenntnisse auch in der Wissenschaft anerkannt werden zeigt sich darin, dass Menschen mit Depressionen, Blockaden oder Persönlichkeitsstörungen unterstützend mit Achtsamkeitsübungen behandelt werden. Achtsamkeit soll dabei verhindern, dass es zu einem Rückfall in eine depressive Phase kommt, ohne ausschließlich eine medikamentöse Behandlung durchzuführen. Bisher gibt es allerdings noch keine aussagekräftigen Studien und Ergebnisse aus Langzeitforschungen, die über den Effekt genauere Aussagen liefern. Es gibt aber andere Vorteile und Effekte, die in Bezug auf Achtsamkeit bekannt und auch belegt sind:

Eine bessere psychische Gesundheit:

Das Ergebnis von Forschern der Universität Gießen lautet folgendermaßen: Achtsamkeit liefert Menschen signifikant psychische Stabilität und mehr Gesundheit. Dieser Effekt ist besonders bedeutsam, da Menschen in der heutigen Zeit immer häufiger von psychischen Problemen belastet sind.

Größere Resistenz gegen Stress:

Das bedeutet nichts anderes, als dass Menschen besser mit Belastungen und Stress umgehen können, wenn den Auslösern mit mehr Achtsamkeit begegnet wird. Es stellt sich die Erkenntnis ein, dass nicht alles so heiß gegessen, wie gekocht wird. Probleme sind nur halb so schlimm und verlieren die gewaltige Wirkung, da Sie erkennen, dass diese nur aufgebauscht wurden. Gleichzeitig ist Achtsamkeit ein guter Weg, um Stress abzubauen und Lösungen zu finden.

Mehr Offenheit und höhere Konzentrationsfähigkeit:

Eine Studie aus Australien, die von Gin Malhi und Belinda Ivanovski durchgeführt wurde, hat gezeigt, dass ein Training der Achtsamkeit die Möglichkeit zu mehr Konzentration, Feingefühl und Offenheit bereitstellt.

Feingefühl und mehr Empathie sind bei zwischenmenschlichen Beziehungen sehr wichtig.

Geringere Sorgen:

Die Annahme, dass Menschen durch Achtsamkeit mehr grübeln ist falsch. Viel eher stellt sich genau das Gegenteil ein. Denn es werden sich viel weniger Sorgen gemacht. Gleichzeitig führt Achtsamkeit zu mehr Dankbarkeit, da die Kenntnis erlangt wird, was Sie bereits alles erreicht haben. Darauf können Sie stolz sein und sich darüber freuen.

Positivere Denkweise:

Durch Achtsamkeit stellt sich eine optimistische Grundhaltung und positivere Gedanken ein.
Gibt es doch einmal negative Gedanken, stellt sich durch Achtsamkeit reflektieren, verarbeiten und für Positives verwenden ein.
Menschen lernen daraus, erlangen wichtige Erkenntnisse und werden zukünftig eine optimistische Grundhaltung einnehmen.

Mehr Geduld:

Achtsamkeit führt dazu, dass Sie mehr Geduld nicht nur mit der eigenen Person, sondern auch mit anderen aufbringen. Die heutige Zeit ist auf Tempo ausgelegt. Alles muss schnell gehen und keiner hat mehr Zeit. Eine rote Ampel, an der Sie warten müssen, beschwört Flüche herauf. Wenn Sie an der Supermarktkasse warten müssen, ist ein Wutausbruch nicht fern. Durch Achtsamkeit entschleunigen Sie Ihr Leben, erhalten mehr Geduld und mehr Disziplin.

Zitat: *„Wenn wir nicht ganz wir selbst sind, wahrhaft im gegenwärtigen Augenblick, verpassen wir alles."* Thich Nhat Hanh

Was macht Achtsamkeit so besonders?

Das Thema Achtsamkeit ist heute scheinbar wieder sehr aktuell. Es gibt zahlreiche Bücher, Workshops, Seminare und Coaches, die sich mit Achtsamkeit in allen Lebenslagen beschäftigen. Inzwischen finden Sie auch im jeweiligen App-Store eine App, die Ihnen verschiedene Übungen, Tipps und Erklärungen an die Hand gibt.

Warum ist das Interesse so groß? Der große Hype begründet sich sicherlich darauf, dass viele Menschen aus Achtsamkeit großen Nutzen ziehen können. Anders ausgedrückt zeigt die Beliebtheit, welche Qualität in Achtsamkeit steckt. Darüber hinaus sind die aktuelle Entwicklung und der Stand der Gesellschaft nicht zu unterschätzende Faktoren. Das mag im ersten Moment weit hergeholt klingen, allerdings gibt es einen ganz einfachen Zusammenhang: Scheinbar verfliegt die Zeit. Jeden Tag passiert das Gleiche, wie Aufstehen, Arbeiten, nach Hause kommen, Schlafen. Anstatt schöne Besonderheiten, die das Herz erfreuen, gibt es nur immer wiederkehrende Routinen.

Dazu kommt die ständige Konkurrenz, wo jeder besser, schneller und stärker sein muss. Wer da nicht mithalten kann, erfüllt die Erwartungen in keinster Weise.

Zum ständigen Wettlauf gegen die Zeit ist Achtsamkeit ein gutes Gegenmittel. Denn endlich wird der Fokus nicht mehr auf das Tempo gelegt, sondern auf die Entschleunigung, die Ruhe mit sich bringt. Die Gedanken drehen sich nicht mehr darum, was morgen ist, sondern um das Hier und Jetzt. Viele Menschen suchen nach dieser Entschleunigung, die sich in Kombination mit recht einfachen Methoden bewerkstelligen lässt. Dabei richten Sie Ihre wachsende Aufmerksamkeit auf die Wachsamkeit und schaffen es, Ihr eigenes Leben zu entschleunigen und im Hier und Jetzt zu sein.

Zitat: *„Denke immer daran, dass es nur eine wichtige Zeit gibt: Heute. Hier. Jetzt.“* Leo Tolstoi

Achtsamkeitstraining für einen ganzen Tag

Wer Achtsamkeit praktizieren möchte, braucht nicht den gesamten Tagesablauf umzustellen. Genauso wenig müssen komplizierte Techniken erlernt und sich vor anderen gerechtfertigt werden. Achtsamkeit erlernen geschieht im Verborgenen und bleibt für andere unsichtbar. Und das allerbeste: Es ist leicht zu lernen und kann prima in den Alltag integriert werden. Schärfen Sie Ihr Bewusstsein und erleben Sie über den Tag hinweg bestimmte Dinge mit all Ihren Sinnen.

Vor dem Aufstehen: Bereits zu Beginn des Tages, kurze Zeit nach dem Sie aufgewacht sind, können Sie eine Achtsamkeitsübung durchführen. Bevor Sie aufstehen, nehmen Sie sich diese Zeit für die Wahrnehmung der verschiedenen Eindrücke. Legen Sie Ihre ganze Konzentration auf das Atmen.

Beim Frühstücken: Anstatt sich der Zubereitung von Kaffee oder Tee zuzuwenden, ein Brötchen zu belegen und sofort über die schwierigen Aufgaben des kommenden Tages zu sinnieren, sollten Sie das Frühstück bewusst wahrnehmen.
Spüren Sie die Hitze des Kaffees, riechen Sie den köstlichen, belebenden Duft, hören Sie auf das Geräusch

beim Aufschneiden der Brötchen und schmecken Sie den besonderen Geschmack des Belages. Konzentrieren Sie sich genau auf diesen Moment, auf das Hier und Jetzt und erleben Sie das Frühstück bewusst, ohne mit den Gedanken abzudriften. Nichts anderes ist wichtig!

Auf dem Weg zur Arbeit und wieder nach Hause: Ganz gleich, ob Sie mit dem Auto oder mit Bus und Bahn fahren – die täglich zurückgelegte Strecke ist ideal für einen Leerlauf und eine gute Gelegenheit, um Achtsamkeit zu trainieren. Beobachten Sie die Menschen in den anderen Fahrzeugen, im Bus oder der Bahn.

Fühlen Sie die Straße und machen Sie sich jede Bodenwelle, die Fahrgeräusche, die Gerüche des Autos, der anderen Fahrgäste bewusst und spüren Sie den Sitz. Bewerten Sie die Eindrücke nicht, sondern riechen, fühlen und hören Sie nur. Dadurch entdecken Sie eine ganze Menge Neues und schärfen gleichzeitig Ihre Sinne.

Auf der Arbeit: Wenn Sie einmal etwas Zeit haben, machen Sie eine kleine Pause und begutachten Sie Ihren Arbeitsplatz, die Schränke im Büro, den Schreibtisch, das Bild an der Wand und die Pflanze auf der Fensterbank. Achten Sie besonders auf Details und nutzen Sie den Moment, um die Dinge zu betrachten, zu fühlen und zu ertasten. Lassen Sie sich von Ihren spontanen Impulsen leiten und schenken Sie den Dingen die volle Aufmerksamkeit, die Ihnen in den Sinn kommen und lassen Sie anderes einfach los.

Abends, wenn Sie Zuhause sind: Bevor Sie schlafen gehen ist eine gute Gelegenheit, um noch einmal an Ihrer Achtsamkeit zu arbeiten. Ziehen Sie sich dafür an Ihren Lieblingsplatz zurück und reflektieren Sie die Dinge, die Sie gedanklich beschäftigen. Sind es Situationen, die am Tag eingetreten sind oder beschäftigen sich Ihre Gedanken und Emotionen schon mit dem folgenden Tag beziehungsweise der Zukunft? Wenn Sie den Blick nach innen richten, lernen Sie viel über Ihre eigenen Prioritäten. Sie können sich darauf konzentrieren, was für Sie wahrhaftig Wichtigkeit hat.

INFO: *Beim Essen achtsam sein!*

Achtsamkeit wird beim Essen schnell zur Nebensächlichkeit. Sie achten kaum darauf, was auf dem Teller liegt und denken nicht darüber nach. Selbst wenn Sie essen, ist die eigentliche Nahrungsaufnahme nur Nebensache. Sie schauen dabei TV oder haben das Smartphone in der Hand und Sie essen, während sich die Gedanken mit anderen Dingen, wie Nachrichtenmeldungen oder der Timeline auf Social-Media-Kanälen beschäftigen. Essen ist eine Pflichtveranstaltung, weil der Körper die Nahrung braucht, um richtig zu funktionieren. Lassen Sie allerdings Aufmerksamkeit beim Essen walten, werden sich Ihnen ganz neue Geschmackserlebnisse eröffnen. Statt achtlos die Mahlzeit aufzunehmen, sollten Sie sich lieber darauf konzentrieren, was Sie essen und achtsam die unterschiedlichen Gerüche und Geschmäcker aufnehmen. Welcher Duft steigt Ihnen in die Nase? Welches Aroma nehmen Ihre Geschmacksknospen besonders intensiv wahr? Welchen Geschmack haben eigentlich verschiedene Gemüse, Fleisch oder Soße?

Es ist nicht zwingend notwendig, die Ernährungsweise dafür zu ändern oder umzustellen. Schenken Sie den Nahrungsmitteln einfach mehr Beachtung, auch wenn Sie diese schon kennen. Sehen Sie das Gericht einfach mit anderen Augen und entdecken Sie es für sich neu. Sie werden merken, dass Sie nicht mehr alles in sich hineinschlingen, sondern bewusster und langsamer essen. Das hat den positiven Effekt, dass weniger und auch gesünder gegessen wird.

Einfache Achtsamkeitsübungen – weitere Methoden, um mehr Achtsamkeit zu trainieren

Die bereits aufgelisteten Achtsamkeitsübungen sind ideal, um mehrfach täglich zu trainieren. Indessen gibt es aber noch weitere Übungen und Methoden, um mehr Achtsamkeit zu erlangen. Dabei stellt sich der Effekt ein, dass Sie sich beibringen, deutlich mehr auf sich selbst, das Umfeld, die Umgebung, Ihre Gedanken und Gefühle zu konzentrieren.

Achtsamkeitsübungen, um die 5 Sinne zu schärfen

Sehen: Beobachten Sie Ihr Umfeld ganz genau. Was sehen Sie und was nehmen Sie wahr? Welche Eindrücke rufen welche Emotionen bei Ihnen hervor?

Hören: Machen Sie die Augen zu und achten Sie auf die vielen verschiedenen Geräusche, die in Ihr Bewusstsein dringen. Was passiert gerade um Sie herum? Welche Geräusche nehmen Sie wahr?

Riechen: Machen Sie die Augen zu und versuchen Sie Ihre Umgebung über die Nase wahrzunehmen. Welche

Gerüche steigen Ihnen in die Nase? Wie intensiv treten manche Gerüche in den Vordergrund?

Schmecken: Versuchen Sie Speisen lange und intensiv zu kauen. Wie fühlen sich die Lebensmittel in Ihrem Mund an? Welche Geschmäcker nehmen Sie besonders intensiv und welche weniger intensiv wahr?

Fühlen: Schließen Sie die Augen, um mit Ihren Fingern die Umgebung zu ertasten. Wie fühlt sich die Bettdecke, das Sofa, die Tischplatte Ihres Schreibtischs oder der Stoff auf Ihrem Drehsessel an? Was fühlen Sie?

Sie müssen nicht gleich alle Übungen durchführen und auch nicht gleich den ganzen Tag darauf achten, achtsam zu sein. Versuchen Sie lieber herauszufinden, welche Methode für Sie am besten geeignet ist, um sich weniger zurückzuziehen und die Wahrnehmung zu schärfen. Es kommt nicht auf die Vielzahl der unterschiedlichen Übungen an, sondern darauf, dass Sie persönlich davon profitieren.

Darum sind die folgenden Achtsamkeitsübungen keine Checkliste, sondern nur ein Leitfaden, an dem Sie sich orientieren können. Sie dienen als Inspiration, sodass Sie sich daraus die für Sie besten Übungen aussuchen können. In erster Linie geht es bei den Übungen darum,

Ihre fünf Sinne zu schärfen und ganz bewusst einzusetzen.

Ertasten von Oberflächen: Der Tastsinn wird jeden Tag von Ihnen genutzt, findet aber leider wenig Beachtung. Immer wieder berühren Sie Gegenstände, nehmen diese auf, legen sie wieder beiseite oder streichen mit den Fingern über Oberflächen. Jedoch wird dieses kaum wahrgenommen. Nutzen Sie Ihren Tastsinn und versuchen Sie ganz bewusst Dinge zu erfühlen und wahrzunehmen. Es gibt so viele Gegenstände in Ihrer Umgebung, die mit unterschiedlichen Formen und Oberflächen ausgestattet sind. Machen Sie die Augen zu und erfassen Sie, was Sie spüren und fühlen können. Welche Form hat der Gegenstand? Aus welchem Material ist er? Wie ist die Oberflächenbeschaffenheit, rau oder glatt und gibt es Ecken oder Kanten?

Konzentriert hinhören: Viele Menschen sind sich gar nicht mehr bewusst, dass es neben laut, schrill und krachend auch noch andere feine, sowie leise Geräusche gibt. Denn sie sind tagtäglich nur von Lärm umgeben. Es läuft das Radio, der Fernseher, Autos fahren vorbei und das Telefon klingelt. Es gibt schier unendlich viele Geräuschquellen, die sich in ihrem Kopf vermischen und gar nicht mehr wahrgenommen werden, da sie andauernd vorhanden sind. Sie werden einfach ausgeblendet und sind nur noch ständige Hintergrundgeräusche. Trainieren Sie Ihre Aufmerksamkeit, indem Sie wortwörtlich Ihre Ohren spitzen und die verschiedenen Geräusche wahrnehmen, anstatt diese auszublenden. Versuchen Sie die Geräuschquelle zu lokalisieren. Woher kommt dieses Geräusch? Gibt es da noch leise, feine Geräusche? Worin unterscheiden sich die Geräusche? Welches Geräusch ist dominant? Versuchen Sie zudem ganz bewusst für Stille zu sorgen. Dafür schließen Sie Fenster und Türen, um ein geräuschloses Umfeld zu erreichen. Welche Geräusche dringen jetzt an Ihre Ohren?

Atmen Sie ganz bewusst: Jeden Tag machen Sie viele tausende Atemzüge. Das Atmen läuft ganz automatisch und völlig unbewusst ab, da Sie die Sauerstoffversorgung zum Überleben brauchen. Wenn Sie jetzt beginnen, sich auf Ihre Atmung zu konzentrieren, trainieren Sie Ihre Achtsamkeit. Denn Sie machen sich bewusst, wie mit jedem Atemzug Sauerstoff in die Lunge gelangt. Nehmen Sie so viel wie möglich Luft nur durch die Nase auf und konzentrieren Sie sich darauf, wie frische Luft durch die Luftröhre in Ihre Lunge gelangt. Versuchen Sie zu spüren, wie sich Brustkorb und Bauch beim Einatmen und Ausatmen bewegen und der Sauerstoff in Ihrem Körper verteilt wird.

Gezielte Reflexion: Wie viel Zeit nehmen Sie sich wirklich, um darüber nachzudenken, was Sie gerade machen und bereits erledigt haben? Sehr wahrscheinlich machen Sie das viel zu wenig, weil die meisten Menschen kaum einen Gedanken daran verschwenden. Diese Übung ist aber für mehr Aufmerksamkeit wichtig, da Sie dadurch lernen, sich mehr auf den Augenblick zu konzentrieren. Bei dem, was Sie gerade machen, sollten Sie innehalten und sich die Arbeit oder Situationen bewusst machen. Was machen Sie gerade? Was geschieht genau in diesem Augenblick um Sie herum? Vielfach haben Menschen Scheuklappen auf und merken gar nicht, was gerade um Sie herum geschieht. Trennen Sie sich von Ihrem Tunnelblick und lösen Sie sich aus Ihrer selbstgebastelten Blase. Damit erweitern Sie Ihr Blickfeld und den Horizont.

Laufen Sie barfuß: Schon kleine Dinge können in puncto Aufmerksamkeit viel bewirken. Streifen Sie Schuhe und Strümpfe von den Füßen und gehen Sie barfuß, so wie Sie es als Kind gemacht haben. Die Füße haben genauso feine, sensible Rezeptoren, sodass Sie die unterschiedlichen Untergründe spüren können. Spüren Sie die Beschaffenheit des Untergrundes, nehmen Sie die Oberfläche und die Temperatur wahr. Besonders gut funktioniert diese Übung, wenn Sie auf verschiedenen Untergründen barfuß laufen.

Schenken Sie unangenehmen Dingen Beachtung: Menschen haben sehr feine Empfindungen und ein gutes Gespür für die Dinge, die sie mögen oder als unangenehm empfinden. Dieses Feingefühl wird vielfach dafür verwendet, unangenehme Dinge wie schlechte Gerüche, extrem laute Geräusche und viel zu grelle Farben auszublenden. Es wird versucht, den Dingen aus dem Weg zu gehen. Funktioniert das nicht, werden sie ignoriert und so wenig wie möglich beachtet. Eine nicht leichte, aber sehr wirksame Übung ist, wenn Sie ganz bewusst die unangenehmen Dinge wahrnehmen. Bei lauter, schriller Musik, die Sie nicht mögen, sollten Sie genau hinhören, anstatt die Aufmerksamkeit auf andere Dinge zu richten. Dies ist eine gute Methode, um die Aufmerksamkeit zu steuern und mehr Achtsamkeit walten zu lassen.

Einfach mal die Seele baumeln lassen: Auch Nichtstun verhilft Ihnen zu mehr Achtsamkeit und schärft Ihre Sinne. Begeben Sie sich an Ihren Lieblingsplatz, konzentrieren Sie sich auf die Atmung und lassen Sie die Umgebung und die Eindrücke einige Minuten auf sich wirken. Vergessen Sie aber nicht, alle Störquellen auszuschalten.

Diese Übung ist Meditation sehr ähnlich, da Sie Ihren Gedanken und Gefühlen freien Lauf lassen und das Umfeld bewusst mit allen Sinnen wahrnehmen.

Die Gedanken werden schnell vergehen, wenn Sie merken, welcher Lerneffekt sich dabei einstellt. Sie finden einen Ausweg aus Ihrem alltäglichen Trott, lassen sich nicht mehr hetzen und wissen, dass Sie jederzeit mit Achtsamkeit Ruhe und Gelassenheit zu sich selbst finden.

Sie lassen sich nicht mehr von Job und Alltag unter Stress setzen und nehmen sich Zeit für einen Augenblick der Achtsamkeit. Aus der bewussten Wahrnehmung können Sie Kraft schöpfen. Natürlich funktioniert das nicht von jetzt auf gleich. Geben Sie sich ruhig etwas Zeit, um herauszufinden, ob Sie nicht auch mehr Achtsamkeit in den Alltag integrieren möchten.

Emotionale Intelligenz – die andere Seite des IQ

Über den Intelligenzquotienten wissen die meisten Menschen Bescheid. Intelligenz wird in der Wissenschaft normalerweise als Bezeichnung für „akademische“ oder „kognitive“ Intelligenz verwendet. Die Professoren Drenth und Resing haben Intelligenz folgendermaßen definiert:

Zitat: *„Die gesamte Menge aller kognitiven oder intellektuellen Fähigkeiten, die erforderlich sind, um Wissen zu erwerben, und um dieses Wissen sinnvoll zu verwenden, um Probleme mit klar definierten Zielen und Strukturen zu lösen.“*

Und dann gibt es da noch die emotionale Intelligenz, hinter der letztendlich die eigenen Gefühle, Vorstellungen und Einschätzungen stecken. Sie tragen die Verantwortung für einen angemessen Umgang und dementsprechende Reaktion. Die Idee gibt es schon seit fast 100 Jahren.

Ursprünglich stammt sie von Edward Lee Thorndike, einem US-amerikanischen Psychologen, der dafür den Begriff „soziale Intelligenz“ schuf.

Der Begriff emotionale Intelligenz wurde erstmals 1990 von den beiden Psychologen John D. Mayer und Peter

Salovey verwendet. Rund sieben Jahre später erlangte der Begriff richtig Popularität, als der Psychologe und Buchautor Daniel Goleman seinen internationalen Bestseller veröffentlichte, in dem er sich 1997 dem EQ widmete. Seit diesem Zeitpunkt wird emotionale Intelligenz als gegenteiliger Entwurf zur klassischen Forschung der Intelligenz gesehen.

Gemäß Goleman ist EQ:

Zitat: „*...die Fähigkeit, unsere eigenen Gefühle und die der anderen zu erkennen, uns selbst zu motivieren und gut mit Emotionen in uns selbst und in unseren Beziehungen umzugehen.*“

Die wesentlichen Merkmale, die Goleman aufführt, umfassen insgesamt 12 Kompetenzen, die emotionale Intelligenz ausmachen.

Selbstwahrnehmung	1. emotionale Eigenwahrnehmung
soziales Bewusstsein	2. Organisationsbewusstsein 3. Empathie
Selbstmanagement	4. Leistungsorientierung 5. Optimismus

	6. Anpassungsfähigkeit 7. emotionale Selbstkontrolle
Beziehungsmanagement	8. Teamwork 9. inspirierende Führung 10. Einfluss 11. Coach und Mentor 12. Konfliktmanagement

Nach dem Konzept von Goleman sind vor allen Dingen folgende Kompetenzen für emotionale Intelligenz charakteristisch und nach außen hin spürbar:

Selbstwahrnehmung: Diese gehört zu den Fähigkeiten, mit denen Sie eigene Emotionen und Stimmungen verstehen und gleichzeitig die Wirkungsweise auf das Umfeld erkennen.
Daher ist Selbstwahrnehmung eine Art von Selbstbewusstsein, mit dem Sie sich Ihre Stärken und Schwächen bewusst machen. In Verbindung mit emotionaler Intelligenz erhalten Sie eine objektivere Sichtweise auf die eigenen Dinge, die Sie machen.

Selbstregulierung hilft dabei, um gegen negative Stimmungen, Impulse und Wünsche kontrolliert vorzugehen und alle Emotionen sowie Impulsivität beiseitezulassen. Das gilt besonders für Emotionen wie Angst, Wut, Zorn und Rachegefühle. Im Beruf ist das beispielsweise das Selbstmanagement. Zuerst erledigen Sie die Ihnen gestellte Aufgabe und belohnen sich nachher beispielsweise mit einem Kaffee.

Die stärkste Form von emotionaler Intelligenz ist wohl die **Empathie**. Sie hilft dabei, andere besser zu verstehen und die eigene Reaktion diesbezüglich anzupassen. Sie senden das Signal aus, dass Sie Ihren Gesprächspartner verstehen. Das ist entscheidend, um das Vertrauen und die Empathie einer anderen Person zu gewinnen. Damit lassen sich nicht nur mögliche Konflikte lösen, sondern auch feinfühlender handeln.

Der **Umgang mit Menschen** ist eine Kompetenz, die an Empathie anknüpft.

Denn damit sind die sozialen Kontakte gemeint, die Sie aufbauen und halten können. In Netzwerken ist das extrem wichtig und zeigt, dass Sie Führungsqualitäten besitzen.

Motivation heißt im Zusammenhang mit emotionaler Intelligenz nichts anderes, als dass Sie sich mit großem Einsatz einem bestimmten Ziel hingeben und selbst Motivation erzeugen können, um am Ball zu bleiben, auch wenn es gerade nicht rund läuft. Menschen, denen es gelingt, sich selbst zu motivieren, haben eine deutlich höhere Frustrationstoleranz. Dadurch besitzen sie mehr Ausdauer und Energie als Menschen, die nicht so viel emotionale Intelligenz besitzen.

Wer einen hohen EQ besitzt, verfügt demnach auch über emotionale innere Stärke. Diese reicht sogar bis hin zu Resilienz, zu der Fähigkeit, mit schweren Schicksalsschlägen und Krisen besser umzugehen und die anschließende Gefühlsachterbahn souverän zu meistern.

Wer sich einmal umhört, wird feststellen, dass emotionale Intelligenz deutlich höher eingestuft wird als rationale Intelligenz.

Sicherlich sollten Menschen, die nach Erfolg streben, nicht unintelligent sein und müssen einen bestimmten IQ haben. Fehlt ihnen aber die emotionale Intelligenz, entwickeln sie sich schnell zu Intelligenzbestien, die anderen das Leben schwer machen.

Emotionale Intelligenz – eine ganze Schachtel voller Fähigkeiten

Auch wenn Goleman eine umfangreiche Definition für emotionale Intelligenz bereitstellt, umfasst der Begriff ein großes Bündel an Kompetenzen, die sich aber noch um fünf wichtige Elemente erweitern lassen.

1. Kommunikationsfähigkeit: Damit ist nicht das Sprechen, das deutliche Formulieren und das Interpretieren von Botschaften anderer gemeint, sondern auch, dass Sie die Fähigkeit haben, aktiv zuzuhören.

2. Soziale Kompetenz: Diese Fähigkeit ist wichtig, um zu fremden Menschen Beziehungen aufzubauen sowie Freundschaften und Bekanntschaften zu pflegen. Gleichzeitig beinhaltet soziale Kompetenz die eigene Einstellung und Handlungsweise mit den Werten einer Gruppe zu vereinen und damit einen gewissen Einfluss auf Verhalten und Einstellungen der Gruppe zu nehmen. Dementsprechend ist das Talent zur Kooperation, genauso wie konstruktive Kritikfähigkeit in soziale Kompetenz miteingeschlossen.

3. Menschenkenntnis: Damit besitzen Menschen die Fähigkeit, durch eigene Erfahrungen und aufgrund eines bestimmten Verhaltens in kurzer Zeit einen anderen

Menschen einzuschätzen. Dazu gehören auch Mimik, Gestik, Körperhaltung und Körpersprache, die sich sehr gut beobachten lassen. Aber auch auf der verbalen Ebene kann viel über die andere Person herausgefunden werden. Wie drückt sich der Gesprächspartner aus? Sind seine gesagten Worte eher emotional oder doch sachlicher Natur?

4. Neugier: Dieses Wesensmerkmal beschreibt Menschen, die sich immer neues Wissen erschließen und wissbegierig sind. Dafür sind diese Personen bereit, neue Wege zu gehen, zu staunen und sich auf Überraschungen einzulassen. Mit Neugier und Wissbegier wird die Kreativität gefördert. Viele Entdeckungen und Erfindungen sind nur zustande gekommen, weil Neugier die Menschen angetrieben hat.

5. Intuition: Menschen, die diese Fähigkeit besitzen, sind in der Lage, auf ihr Bauchgefühl zu hören. Entscheidungen werden zwar nicht nur aus dem Bauchgefühl heraus getroffen.

Indessen eröffnen sich unzählige Informationen, die bisher im Unterbewusstsein geschlummert haben. Sie sind jetzt abrufbereit und können eingesetzt werden.

Sind Sie neugierig auf Ihre eigene emotionale Intelligenz? Dann machen Sie doch einfach den nachfolgenden EQ-Test!

Der „emotionale Intelligenz“ Test

Dieser Selbsttest mit 25 Fragen kann nicht final beurteilen, wie es um Ihre emotionale Intelligenz bestellt ist. Jedoch für eine erste gute Orientierung oder Bestandsaufnahme wird er sehr hilfreich sein.

Beantworten Sie die nachfolgenden Fragen ehrlich. Damit das Ergebnis so genau wie möglich ist, sollte nicht nur eine Selbstreflexion durchgeführt werden. Fragen Sie auch bei einem Menschen nach, der Sie, sowie Ihre Stärken und Schwächen genau kennen. Schreiben Sie sich die Punktzahl der jeweiligen Antwort auf und addieren Sie diese am Schluss. Anschließen können Sie Ihr Ergebnis nachlesen.

1. Ich bin ein geduldiger Mensch?

Immer 3 P.

Meistens 2 P.

Niemals 1 P.

2. Ich kenne den Grund, der meine Gefühle auslöst.

Immer 3 P.

Meistens 2 P.

Niemals 1 P.

3. In jedem Menschen sehe ich das Gute.

Immer 3 P.

Meistens 2 P.

Niemals 1 P.

4. Ich versuche immer wieder die Handlungsweisen anderer zu verstehen und herauszufinden, warum diese Menschen so handeln.

Immer 3 P.

Meistens 2 P.

Niemals 1 P.

5. Ich habe immer Zuversicht.

Immer 3 P.

Meistens 2 P.

Niemals 1 P.

6. Ich kann meine eigenen Gefühle differenziert und im Detail ausdrücken.

Immer 3 P.

Meistens 2 P.

Niemals 1 P.

7. Der Umgang mit Stress gelingt mir sehr gut.

Immer 3 P.

Meistens 2 P.

Niemals 1 P.

8. Meine Konzentration liegt auf den Chancen und weniger auf den Hindernissen.

Immer 3 P.

Meistens 2 P.

Niemals 1 P.

9. Bei Stress und unter Druck bleibe ich gelassen.

Immer 3 P.

Meistens 2 P.

Niemals 1 P.

10. Ich habe Verständnis dafür, wie gemachte Erfahrungen anderer Menschen deren Gedanken, Emotionen und das Verhalten beeinflussen.

Immer 3 P.

Meistens 2 P.

Niemals 1 P.

11. Mein Blick ist optimistisch in die Zukunft gerichtet.

Immer 3 P.

Meistens 2 P.

Niemals 1 P.

12. Ich bin in der Lage, meine Impulse zu kontrollieren.

Immer 3 P.

Meistens 2 P.

Niemals 1 P.

13. Ich bin ein guter Zuhörer, weil ich Interesse an anderen Menschen habe.

Immer 3 P.

Meistens 2 P.

Niemals 1 P.

14. Ich kann mit Gefühlen anderer gut umgehen.

Immer 3 P.

Meistens 2 P.

Niemals 1 P.

15. Selbst bei anstehenden Veränderungen bleibt mein Optimismus erhalten.

Immer 3 P.

Meistens 2 P.

Niemals 1 P.

16. Ich kann Gefühle wie Wut, Ärger, Angst und Freude gut kontrollieren und richtig einsetzen.

Immer 3 P.

Meistens 2 P.

Niemals 1 P.

17. Ich kann gut auf unterschiedliche, teilweise widersprüchliche Anforderungen reagieren.

Immer 3 P.

Meistens 2 P.

Niemals 1 P.

18. Ich habe kein Problem Standpunkte anderer Menschen zu verstehen, auch wenn meine eigenen anders ausfallen.

Immer 3 P.

Meistens 2 P.

Niemals 1 P.

19. Auf unerwartete Veränderungen kann ich flexibel reagieren.

Immer 3 P.

Meistens 2 P.

Niemals 1 P.

20. Mir ist es wichtig, die Beweggründe von anderen Menschen zu verstehen.

Immer 3 P.

Meistens 2 P.

Niemals 1 P.

21. Ich bin in der Lage, meine Pläne und Ziele ohne Mühe Veränderungen anzupassen.

Immer 3 P.

Meistens 2 P.

Niemals 1 P.

22. Ich kann im selben Moment meine gerade empfundenen Gefühle beschreiben.

Immer 3 P.

Meistens 2 P.

Niemals 1 P.

23. Mir fällt es nicht schwer mich anzupassen, wenn Situationen unsicher sind oder häufig Änderungen eintreten.

Immer 3 P.

Meistens 2 P.

Niemals 1 P.

24. Ich verstehe, welchen Einfluss Stress auf meine Laune und mein Verhalten hat.

Immer 3 P.

Meistens 2 P.

Niemals 1 P.

25. Ich bin in der Lage, meine Prioritäten schnell zu ändern.

Immer 3 P.

Meistens 2 P.

Niemals 1 P.

Auflösung:

25 – 39 Punkte: Die Gefühle anderer Menschen sind für Sie mitunter ein großes Rätsel. Sie wissen oftmals nicht, ob der Gesprächspartner nur irritiert oder doch verärgert ist. Sie können die Situation nicht nachvollziehen, weil Sie, wie jeder andere zwar die Emotionen „traurig, sauer, erfreut" unterscheiden können, aber die feinen Nuancen bei anderen und bei Ihnen selbst nicht erkennen. Darum wissen Sie teilweise nicht, warum die andere Person böse auf Sie ist. Hier besteht Handlungsbedarf, da es zwischen Selbstbild und Wahrnehmung von anderen Menschen große Diskrepanzen gibt.

Das ist nicht schlimm, da sich emotionale Intelligenz lernen lässt. Fangen Sie einfach an, dem Gesprächspartner besser zuzuhören und beobachten Sie die Körpersprache. Über Mimik, Gestik und Körperhaltung können Sie erfahren, welche Gefühle mit welcher Mimik einhergehen. Wenn Sie unsicher sind, sollten Sie unbedingt nachfragen, ob Sie alles richtig verstanden haben. Bitten Sie Menschen in Ihrem sozialen Umfeld um Hilfe.

Wenn Sie lernen Reaktionen anderer besser zu verstehen, können Sie mit stressigen Situationen leichter umgehen und gleichzeitig die eigenen Emotionen steuern.

40 – 59 Punkte: Im Wesentlichen wissen Sie über Ihre Gefühlswelt Bescheid. Sie sind zudem in der Lage, sich in andere hineinzuversetzen, gerade wenn da etwas ist, was Sie stört. In stressigen Situationen kann es passieren, dass Sie gereizt sind und ein anderer die volle Ladung abbekommt. Allerdings stehen Sie zu Ihren Schwächen und können sich für ein Fehlverhalten entschuldigen. Ein absoluter Optimist sind sie nicht, sondern gehören eher in die Kategorie der Realisten. Darum fällt Ihnen eine gute Einschätzung nicht schwer und Sie wissen, dass nicht alles rosarot im Leben sein kann. Es ist aber auch nicht alles nur schlecht. Mit dieser Einstellung reagieren Sie manchmal etwas mürrisch auf unerwartete Veränderungen, finden aber trotzdem einen Weg, um sich mit den veränderten Rahmenbedingungen zu arrangieren, auch wenn Sie selbst eine andere Lösung gewählt hätten. Sie besitzen bereits emotionale Intelligenz, die sich aber noch weiter ausbauen lässt.

Dafür müssen Sie bereit sein, sich Ihren Schwächen zu stellen. Ein guter Freund kann Ihnen mit seiner konstruktiven Meinung dabei helfen.

60 – 75 Punkte: Ihre emotionale Intelligenz ist sehr groß. Es fällt Ihnen nicht schwer, anderen Menschen zuzuhören, da Sie großes Interesse an Ihrem Gegenüber haben.

Sie können Ihre eigenen Gefühle sehr gut abschätzen und wissen genau, was Sie bewegt. Sie sind nicht nur ein offener Mensch, sondern haben auch diese Wirkung auf andere. Sie verlieren nicht die Ruhe in stressigen Situationen und können sich gut auf neue Rahmenbedingungen und andere Menschen einstellen. Ihr Umfeld erlebt nur ganz selten, dass Sie sich ärgern oder wütend sind. Verärgerung und Wut werden in sachliche Worte verpackt. Ihre Einstellung zum Leben und zu Ihrem Job ist grundsätzlich positiv. Probleme und

Hindernisse sind eine Herausforderung. Es wird versucht, diese lösungsorientiert zu meistern. Daher können Sie mit Stress gut umgehen, der vielfach unvermeidlich ist. Durch eine gute Selbstorganisation haben Sie immer die Möglichkeit, um Ausgleich zu schaffen und zu entspannen.

Erkennen Sie sich in der Auflösung wieder? Dann sollten Sie sich entweder auf die Schulter klopfen oder Ihre emotionale Intelligenz ausbauen.

So lernen Sie emotionale Intelligenz

Ist emotionale Intelligenz überhaupt erlernbar? Sie können sich entspannt zurücklehnen, denn zum Teil können Sie EQ erlernen. Denn Ihnen wurde bereits einiges an Talent in die Wiege gelegt. Andere Eigenschaften können Sie erlernen. Dazu gehört mehr Selbstbewusstsein, besseres Zuhören, eigene Emotionen zu organisieren und mit sich selbst, bewusst in die Reflexion zu gehen. Ganz wichtig ist dabei die Selbstwahrnehmung, begleitet von der Selbstreflexion, gerade wenn es um die Regulierung der eigenen Emotionen geht. Damit Sie sich selbst verstehen und mit Ihren Gefühlen umgehen können, brauchen Sie Methoden, die Ihnen dabei helfen, Auslöser und Reaktionen zu steuern. Die nachfolgenden drei Methoden sind dafür gut geeignet:

Achtsamkeit trainieren: Richten Sie ganz intensiv Ihre Aufmerksamkeit auf die Gegenwart, nicht auf die Vergangenheit oder Zukunft. Durch mehr Achtsamkeit erlangen Sie eine gesündere und stabilere Psyche und begegnen sich selbst und anderen offener und auf akzeptierende Art und Weise. Einmal bei den Untersuchungen des Berliner Psychologen Willi Zeidler geschaut, zeigen seine Ergebnisse, dass sich durch höhere

Achtsamkeit eine Veränderung der Schreckhaftigkeit eintritt. Er hat herausgefunden, dass achtsame Personen messbar weniger auf Stressspitzen reagieren und deshalb entspannter sind.

Selbstgespräche führen: Mit sich selbst reden ist ein gutes Ventil für Trauer, Wut und Frustration. Denn damit erreichen Sie, dass Sie den Kummer nicht in sich hineinfressen. Sie geben unklaren Gedanken und Emotionen ein Gesicht, indem Sie diese in Worte fassen. Es fällt Ihnen leichter sich zu entscheiden. Darüber hinaus prägen sich gesagte Worte viel besser ein als nur Gedachtes.

Unlängst konnten Wissenschaftler sogar beweisen, dass das Gespräch mit sich selbst Aggressionen reduziert, Stress abbaut und einen differenzierten Blick ermöglicht. Das hat beispielsweise der US-Psychologe Thomas M. Brinthaupt herausgefunden.

Gefühle akzeptieren: Viele Menschen betreiben das Ignorieren von Emotionen bis zum Exzess oder setzen sich erst gar nicht damit auseinander. Durch das Blockieren kann sich keine emotionale Intelligenz entwickeln, geschweige denn ausgebaut werden. Vorhanden ist nur ein kümmerlicher Rest, der Ihnen in die Wiege gelegt wurde. Heben Sie diese Blockade auf, akzeptieren Sie Ihre Emotionen und beschäftigen Sie sich mit ihnen. Sie brauchen diese, um eine ausgeprägte emotionale Intelligenz aufbauen zu können.

Die Nachteile von emotionaler Intelligenz

Auch wenn emotionale Intelligenz einen sehr guten Ruf genießt, hat die Medaille trotzdem auch eine Kehrseite, weil sie dazu genutzt werden kann, andere Menschen zu manipulieren, um sich dadurch Vorteile zu verschaffen. Leider kommt das viel häufiger vor, als man vielleicht glauben mag.

Forschungsergebnisse legen deutlich offen, dass eine Verbindung zwischen Personen verstehen und Personen ausnutzen besteht. Das bedeutet, dass es genug Menschen gibt, die die eigene emotionale Intelligenz dazu verwenden, ihre Kenntnisse, um die Emotionen anderer für eigene egoistische Zwecke zu nutzen. Jetzt unterstellen Sie nicht jedem Freund oder Kollegen, dass dieser nur böse Absichten verfolgt. Schauen Sie sich aber lieber die möglichen Motive an, die sich hinter der Freundlichkeit verstecken. Machen Sie sich diese bewusst, um nicht zum Opfer zu werden. Damit Sie sehen, dass emotionale Intelligenz auch eine Schattenseite hat, sollte diese nicht unerwähnt bleiben.

Emotionale Intelligenz kann aus Menschen Egoisten machen

EQ beispielsweise im Job ist nicht immer der beste Weg, wenn es darum geht, ein besseres Allgemeinwohl bereitzustellen. Oftmals wird das Talent dafür eingesetzt, um ganz egoistisch die eigene Karriere voranzutreiben. Die Fähigkeit kommt dafür zum Einsatz, um sich bei einem Vorgesetzten beliebter zu machen, direkte Konkurrenz schlecht aussehen zu lassen und Meinungen sowie Gefühle von Kollegen für die eigenen Ziele zu beeinflussen und zu kontrollieren.

Emotionale Intelligenz macht mitunter rücksichtslos

Hoch explosiv ist eine Mischung aus emotionaler Intelligenz und die Neigung, mit Manipulation andere Menschen in Ihrem Denken und Handeln zu beeinflussen. Im Jahr 2011 wurde in einer veröffentlichten Studie herausgefunden, dass diese Mischung extrem rücksichtslos macht, weil weder Gefühle von anderen noch deren öffentlicher Ruf eine Rolle spielen.

Soll heißen, dass Menschen trotz eines hohen EQ keine Hemmungen davor hatten, andere in der Öffentlichkeit bloßzustellen und zu blamieren, nur um sich selbst in einem besseren Licht darzustellen, damit eigene Ziele besser verfolgt werden können.

Durch emotionale Intelligenz wird das Ausnutzen von anderen Personen gefördert

Ein weiteres Ergebnis zeigt eine Studie, die im Jahr 2014 veröffentlicht wurde. Diese ist erschreckend und alarmierend zugleich. Denn es wurde herausgefunden, dass EQ der Schlüssel dafür ist, warum sich Menschen überhaupt erst ausnutzen lassen. Denn emotional intelligente Menschen verstehen die Gedanken und Emotionen einer anderen Person und können mit diesem Wissen den Menschen dazu bringen, im Sinne des emotional intelligenten Menschen zu handeln. Dadurch wird die Möglichkeit bereitgestellt, um böswillige Manipulation durchzuführen.

Oft sind emotional intelligente Menschen Narzissten

Narzissmus stellt für Freunde, die Familie und Arbeitskollegen eine große Belastung dar. So haben Forscher herausgefunden, dass eine sehr enge Verbindung zwischen Narzissmus und emotionaler Intelligenz besteht. Narzissten verwenden diese einzigartige Fähigkeit, um sie für die eigenen Zwecke zu missbrauchen und betrügen dabei andere Menschen.

Emotionen regulieren und eigene Gefühle lenken

Jeder Mensch hat sie und wird von ihnen geleitet und gelenkt. Doch was sind Gefühle, wo entstehen sie und wie kann darauf Einfluss genommen werden?

Es gibt im menschlichen Gehirn einen Bereich, der sich limbisches System nennt. Dieses System ist ein stammesgeschichtlicher Teil des Denkapparates und genau dort entstehen Emotionen. Es gibt eine Vielzahl von Gefühlen, die Menschen tagtäglich auf der ganzen Welt begegnen.

Der Psychologe Paul Ekman hat sich damit intensiv befasst. Gemäß seiner Definition gibt es sechs kulturübergreifende Basisemotionen, die im Gesicht eines jeden Menschen ablesbar sind.

- Freude
- Ärger
- Angst
- Überraschung
- Trauer
- Ekel

Die aufgeführten Gefühle sind Oberbegriffe und können auf unterschiedliche Weise zum Ausdruck kommen. Die Nuancen sind sehr fein und stellen sich in vielseitigen Facetten dar. Beispielsweise lässt sich mit Freude Unbekümmertheit, Glückseligkeit, Glücklich sein, Stolz, Zufriedenheit, Euphorie, Fröhlichkeit und Unternehmungslust ausdrücken. Ärger und Wut stellen sich Hass, Rachsucht, Eifersucht, Bösartigkeit, Verachtung, Sadismus, Intoleranz, Feindseligkeit, Aggressivität, Zurückweisung, Neid, aufgewühlt und genervt sein dar.

Diese Emotionen sind eine Reaktion auf verschiedene Situationen, die Ihnen immer wieder begegnen. Genauso können Sie gegenüber einer bestimmten Person empfunden werden. Gefühle sind ein wichtiger Bestandteil des Menschen.

Wer diese vielen verschiedenen Facetten der Emotionen unterdrückt und keine Gefühle zulässt, wird irgendwann psychisch krank werden. Doch neben dem Zulassen von Gefühlen ist ihre Regulation genauso wichtig. Sie können nicht in jeder Situation Ihren Gefühlen freien Lauf lassen.

Das wird Menschen schon als Kind eingetrichtert. Erwachsene hingegen können über die Emotionen nachdenken und die Konsequenzen, die sich aus einem unüberlegten Handeln ergeben, abschätzen. Die

Erkenntnis zeigt Ihnen, dass ein Fehlverhalten negative Auswirkungen haben kann. Allerdings fällt es oftmals recht schwer sich zurückzuhalten und nicht gleich dem Ärger Luft zu machen, wenn Menschen stark betroffen sind und nicht die richtigen Strategien kennen. Damit Sie Ihre Gefühle lenken und regulieren können, erhalten Sie nun eine Erklärung, was Emotionsregulation eigentlich ist und erhalten Tipps, wie Sie Gefühle besser kontrollieren können.

Was ist Emotionsregulation?

Früher war der Glaube weit verbreitet, dass Gefühle nur Ballast sind und rationale Entscheidungen stark beeinflussen. Heute gibt es allerdings eine unumstrittene Bedeutung, die Gefühlen beigemessen wird. Denn die Emotionen beeinflussen das eigene Verhalten. In grauer Vorzeit konnte sich dieses als kriegsentscheidend herausstellen. Wer keine Furcht beim Angriff eines Raubtieres empfunden hat, fiel diesem Tier zum Opfer und wurde einfach gefressen.

Die vorhandenen Gefühle sichern also das Überleben, wenn sie in ausreichendem Maß vorhanden sind. Von Generation zu Generation werden sie an die Nachkommen weitergegeben. Heute ist man sich darüber einig, dass es keinen Gegensatz zwischen Verstand und Emotionen gibt. Genauso deutlich ist die Verbindung zwischen der geistigen Gesundheit und Gefühlen, die unterdrückt werden.

Wenn von Gefühlskontrolle gesprochen wird gilt die Annahme, dass Menschen größtenteils selbst dafür die Verantwortung tragen, wie sie ein Ereignis interpretieren, welche Gefühle sich dabei einstellen und wie darauf reagiert wird. Damit Sie Ihren Gefühlen nicht hilflos gegenübertreten müssen, kommt in diesem

Zusammenhang die Emotionsregulation ins Spiel. Verstehen lässt sich dieses Wort auf zwei Arten:

- Sie haben das Vorgehen selbst in der Hand und können auf bestimmte Art und Weise in Bezug auf Intensität und Dauer die Emotionen beeinflussen.

- Gefühlsregulation ist das Ergebnis Ihrer Bemühungen, die eigenen Gefühle zu lenken.

Unterschieden wird zudem in internale und externale Emotionsregulation. Letztere stellt sich in Verhaltensweisen dar, die sozial erwünscht sind. Das kann beispielsweise zum Ausdruck kommen, wenn eine Person die Stimme beziehungsweise Tonlage beherrscht. Internale Emotionsregulation kommt zum Vorschein, wenn bei einem unangenehmen Ereignis die ganze Aufmerksamkeit auf etwas anderes gerichtet wird. Damit zeigen Menschen eine hohe Frustrationstoleranz.

Warum Sie Einfluss auf Ihre eigenen Gefühle nehmen sollten

Es gibt verschiedene Gründe, warum es wichtig ist, die eigenen Gefühle zu regulieren und zu lenken. Denn Emotionen sind nicht nur dafür da, um sich nicht mehr der Bedrohung eines wilden Raubtieres auszusetzen. Viel wichtiger ist der Aspekt, dass es immer wieder Situationen gibt, in denen Gefühle unangebracht und gesellschaftlich nicht erwünscht sind.

Ein kleines Beispiel: *Eine Familie in Trauer kann kaum die Tränen zurückhalten, sowie den Schmerz verbergen und ein Gast der Trauerfeier bricht in lautes, schallendes Gelächter aus. Ein solcher Gefühlsausbruch wird als pietätlos empfunden und in unserem Kulturkreis als gesellschaftlich inakzeptabel gesehen. In einer solchen Situation wird ein getragenes, zurückhaltendes Verhalten erwartet.*

Auch im Job können Sie mit Emotionsregulation sicherstellen, dass es ein ausgewogenes Miteinander gibt und Probleme, sowie Auseinandersetzungen nicht eskalieren. Werden Gefühle nicht reguliert und Emotionen gelenkt, herrscht kein gutes Betriebsklima. Folge davon sind Anfeindungen, die bis hin zu Mobbing reichen. Emotionsregulation kann zum Einsatz kommen,

- um Einfluss auf negative und positive gefühlsbetonte Zustände zu nehmen
- oder um gefühlsbetonte Zustände zu verstärken oder abzuschwächen.

James Gross, ein US-amerikanischer Psychologe bezeichnet die Emotionsregulation als einen Prozess, in dem Menschen an verschiedenen Punkten den Hebel ansetzen können, um Gefühle besser zu regulieren. Es gibt vier, die bereits vor dem Auslösen des eigentlichen Gefühls stattfinden.

Ein kleines Beispiel: *Ein Mitarbeiter in einer Firma ist extrem schüchtern. Bei ihm stellt sich wegen der anstehenden Feier im Betrieb Angst ein, weil er üblicherweise große Massen an Menschen meidet. Für die Regulierung seiner Gefühle kann er verschiedene Möglichkeiten nutzen:*

1. Situationsauswahl: *Sie stellt verschiedene Optionen bereit. Eine davon wäre, wenn er seine Angst aushält und der Feier im Betrieb beiwohnt. Alternativ kann er aber auch zu einer Vermeidungsstrategie greifen, wobei er sich nicht den negativen Emotionen aussetzen muss. Was passiert? Durch die Situationsauswahl kann er seine Emotionen auf verschiedene Weise ausdrücken.*

***2. Situation modifizieren:** In diesem Beispiel läuft die Situationsmodifikation darauf hinaus, dass der Mitarbeiter die eigenen Emotionen kontrolliert, indem er nicht alleine, sondern mit anderen Kollegen zusammen die Firmenfeier besucht. Damit verändert er die Situation, die vorher bedrohlich war.*

***3. Die Aufmerksamkeit lenken:** Der schüchterne Mitarbeiter verdrängt seine Angst, geht zur Feier in die Firma und legt seine ganze Konzentration auf eine bestimmte Sache, anstatt die ganze Zeit über das ungute Gefühl zu grübeln. Das kann beispielsweise ein netter Kollege, die schicke Dekoration oder die ansprechende Örtlichkeit sein, in der die Firmenfeier stattfindet.*

***4. kognitiv neu bewerten:** Das bedeutet nichts anderes, als auf rationaler Ebene ein Reframing durchzuführen.*

Die Betriebsfeier ist nicht mehr das Schreckgespenst, sondern wird als tolle Chance Kontakte zu knüpfen gesehen. Außerdem weiß der Mitarbeiter, dass es bereits solche Situationen gab, die er durchgestanden hat. Sie waren gar nicht so schlimm und entsprachen in keinster Weise seinen zuvor gehegten Befürchtungen.

***5. Die Reaktion modulieren:** Die bereits entstehenden Gefühle beim schüchternen Mitarbeiter* *zeigen ihm, dass sich eine Panikattacke anbahnt. Er hat die Signale erkannt und kann nun bewusst gegensteuern. Dabei können ihm beispielsweise langsames, bewusstes Atmen, Entspannungsübungen oder Autosuggestion helfen.*

Emotionsregulation läuft nicht in fünf aufeinander folgenden Phasen ab. Allerdings können die fünf aufgeführten Optionen so ablaufen, wie sie hier beschrieben sind. Diese fünf Punkte zeigen Ihnen, welche Möglichkeiten es in einer Situation geben kann:

- **Situation:** Es tritt ein Ereignis ein, beispielsweise wenn das Telefon auf Ihrem Schreibtisch klingelt. Gemäß dem Verständnis von **Gross** haben Sie nun folgende Möglichkeiten: Sie nehmen das Telefongespräch an oder warten, bis der Anrufer wieder aufgelegt hat. Da es aber ein externer Anruf ist, der dringend sein könnte, nehmen Sie das Telefonat entgegen.
- **Aufmerksamkeit:** Am Telefon haben Sie einen Kunden, der Ihnen ein Problem ausführlich schildert. Sie hören aufmerksam zu und machen sich auf Ihrem Block Notizen.
- **Bewertung:** Je nachdem, ob Ihr Kunde mit Ihnen vorwurfsvoll und laut oder nach Rat suchend und bittend spricht, bewerten Sie diese

Situation: Ist der Anrufer beispielsweise wütend, wird beleidigend und greift Sie persönlich an oder handelt es sich um eine konkrete Beschwerde oder ein berechtigtes Anliegen.

- **Gefühlsreaktion:** Durch das Verhalten des Gegenübers wird ein Gefühl ausgelöst. Sie kennen sicher das Sprichwort: „Wie man in den Wald hineinruft, so schallt es heraus." Darum brauchen Sie sich nicht zu wundern, dass sich, je nachdem, wie mit Ihnen gesprochen wird, Emotionen wie Unverständnis, Gereiztheit, Wut, Zorn oder aber Hilfsbereitschaft und Mitgefühl einstellen.
- **Emotionsregulation:** Haben Sie einen unfreundlichen, ja sogar unverschämten Kunden am Telefon, der Sie persönlich attackiert, ist zugunsten des Unternehmens Gefühlsregulierung notwendig. Das bedeutet, dass Sie ruhig bleiben, versuchen die Situation zu erklären, auch wenn Sie innerlich richtig sauer sind.

Menschen, welche die Fähigkeit zur Selbstreflexion besitzen, können in solchen Situationen schauen,

➥ welche Gefühle sie empfinden,

➥ wann sie solche Emotionen haben und

➥ wie sie damit umgehen können.

Emotion regulieren und lenken bei Kindern und Erwachsenen

Der Einfluss der Eltern ist sehr groß bei der Ausprägung der Emotionsregulation von Kindern, da sie die Bezugspersonen sind und als Vorbild dienen. Voraussetzung ist aber, dass

- ➡ ihnen das Wohlbefinden der Kinder wichtig ist,
- ➡ die Signale der Kinder verstanden werden und
- ➡ lösungsorientiert darauf reagiert wird.

Voraussetzung dafür ist, dass Eltern über Sozialkompetenz und emotionale Intelligenz verfügen müssen. Hat das Kind das Gefühl, dass es mit seinen Ängsten und Sorgen ernstgenommen wird, gibt es Hilfe, um Lösungen zu finden. Wenn Eltern in nicht änderbaren Situationen ein gutes Vorbild sind, erhalten Kinder eine Vielzahl an Möglichkeiten an die Hand, um die eigenen Emotionen zu regulieren.

Daraus ergibt sich der Lerneffekt, dass Kinder bestimmte Ereignisse und Situationen annehmen oder verändern können.

Psychische Erkrankungen durch mangelnde Emotionsregulation

Menschen mit psychischen Erkrankungen fehlt es vielfach daran, die Dauer und Intensität von Emotionen zu beeinflussen und zu regulieren. Bei Personen, die an sozialen Phobien leiden, besteht häufig die Angst der Bewertung durch andere Personen. Es geht dabei um vorübergehende Gefühle, wie Scham und Angst, mit denen nicht umgegangen werden kann. Gab es frühere Situationen, die der Person besonders peinlich waren, bauschen sich die Gefühle extrem auf und werden auf zukünftige Ereignisse ohne vorherige Prüfung übertragen.

Dann gibt es Menschen, die keine Strategie an der Hand haben, wie sie mit Enttäuschungen umgehen sollen. Durch diese Defizite können sich verschiedene negative Verhaltensweisen einstellen:

- bestimmte Situationen werden konsequent vermieden
- negative Aspekte werden fokussiert
- es wird ununterbrochen gegrübelt
- es kommt zu Schuldzuweisungen bei anderen Personen
- ein aggressives Verhalten gegenüber anderen stellt sich

- ➥ es kommt zu Alkohol- und Drogenmissbrauch

Aus Sicht der Wissenschaft ist das Wissen darum wichtig, welche Faktoren dafür ausschlaggebend sind, dass sich eine Störung in der Regulierung der Emotionen einstellt. Vielfach lässt sich der Grund für die Störung in vergangenen Ereignissen finden. Diese begünstigen das entsprechende Verhalten der Personen.

Es gibt aber auch Menschen, die Resilienz entwickelt haben und konstruktiv, sowie gesund mit negativen Gefühlen umgehen, obwohl sie traumatische Erlebnisse hatten.

Übungen, um Gefühle zu regulieren und zu beeinflussen

Die eigenen Gefühle zu beherrschen, zu regulieren und zu lenken ist in allen Bereichen sehr wichtig, wo Sie in Kontakt mit anderen Menschen stehen. Daher gehört Emotionsregulation zu den wichtigen Faktoren, da Sie damit zeigen können, dass Sie die Gesellschaftsregeln begriffen haben. Es geht dabei nicht darum, dass Sie sich komplett selbst verleugnen, sondern vielmehr um den Grundstein, ohne den eine Gesellschaft nicht funktionieren kann. Bei der Regulierung und Kontrolle der Gefühle spielt die eigene Persönlichkeit eine wichtige Rolle.

Zitat: *„Bist Du wütend, zähl bis vier. Hilft das nicht, dann explodier."* Wilhelm Busch

Diese Empfehlung von Wilhelm Busch ist eher kontraproduktiv und wird Ihnen kein Stück weiterhelfen. Denn es wird Ihnen schwerfallen, die eigenen Emotionen zu lenken und zu kontrollieren. Sie ecken an, fallen auf, weil Sie aus der Rolle fallen und sind nicht selten untragbar für das jeweilige Umfeld.

Ein adäquates Verhalten lässt sich mit Emotionsregulation erreichen, da Sie immer die

Entscheidungsmöglichkeit haben. Was können Sie dafür machen?

- **Sport und Bewegung** sind gute Ventile, um Stress abzubauen. Denn durch negative Emotionen entsteht meist zusätzlicher Stress. Treiben Sie mit Sport und Bewegung Ihren Puls in die Höhe. Damit erreichen Sie, dass Sie sich auf Ihren Körper und die körperliche Anstrengung konzentrieren. Zudem verhindern Sie, dass Sie mit Grübeln anfangen.

- Es gibt diese Menschen, die vor Energie überschäumen und kaum wissen, wie sie damit umgehen sollen. Diese Energie lässt sich durchaus kreativ nutzen. Entdecken Sie Ihre **Kreativität**, indem Sie töpfern, malen, stricken, nähen, eine Skulptur erschaffen und sorgen Sie für Ablenkung.

- Es gibt **Entspannungstechniken,** wie beispielsweise Achtsamkeitsübungen und autogenes Training, die dazu beitragen, Angst, Wut, Nervosität und weitere Emotionen zu regulieren und Gefühle zu kontrollieren. Genauso gibt es Meditation, die auf ein bestimmtes Thema ausgerichtet ist. Dabei wird der Fokus von den Dingen abgelenkt und Sie beschäftigen sich nur mit dem, was Sie wollen.

Sie haben bereits so vieles über Achtsamkeit, emotionale Intelligenz und Gefühle kontrollieren erfahren. Doch wie hilft Ihnen das dabei, Zufriedenheit zu erlangen?

Zufriedenheit – alles eine Sache der eigenen Einstellung!

Wer auf die Suche nach dem Glück geht, wird hoffentlich auch Zufriedenheit finden. Denn nicht das Glück ist es, was glücklich macht, sondern der Zustand, der sich durch Zufriedenheit einstellt.

Zitat: *„Wir denken selten an das, was wir haben, aber immer an das, was uns fehlt.“* Arthur Schopenhauer

Dieses Zitat von Arthur Schopenhauer bringt es auf den Punkt. Denn auf der Suche nach dem Glück vergessen Menschen leider die vielen Dinge, die sie bereits erreicht haben und besitzen und halten sich immer nur vor Augen, was ihnen zur vollumfänglichen Zufriedenheit und Glückseligkeit noch alles fehlt.

Jeder Mensch auf dieser Erde möchte das Gefühl von Zufriedenheit haben. Darum werden Entscheidungen getroffen, Energien freigesetzt und Ziele verfolgt, um genau diese Emotion zu erlangen. Haben Sie sich einmal die Frage gestellt, was Zufriedenheit eigentlich ist?

Zufriedenheit wird oftmals mit Ideen und Begriffen vermischt. Daher ist es durchaus sinnvoll, wenn Sie sich zuerst einmal die Bedeutung von Zufriedenheit vor Augen führen. Zufriedenheit bedeutet nichts anderes als innere

Ausgeglichenheit, tiefe Genugtuung und mit den Umständen zufrieden zu sein. Sie sind überzeugt davon und haben den Glauben daran, dass Ihr eigenes Leben entsprechend Ihren Erwartungen und Vorstellungen ist. Daher wird immer dann Zufriedenheit empfunden, wenn die eigenen individuellen Wünsche und Bedürfnisse befriedigt werden.

Für Zufriedenheit gibt es keine Beschränkung auf einen bestimmten Bereich. Daher kann sie sich im Job, aus finanzieller Sicht, im sozialen Umfeld und in einem erfüllten Familienleben ausdrücken. Zufriedenheit lässt sich auch erlangen, wenn Sie für die Selbstverwirklichung eigene Interessen, Leiden-
schaften und Hobbys verfolgen.
Dementsprechend ist derjenige zufrieden, weil er das hat, was er für sein Glück benötigt. Auch wenn das selbsterklärend klingt, ergibt sich daraus eine einzigartige Chance:

Sie selbst haben Einfluss darauf und können entscheiden, wie viel Zufriedenheit Sie brauchen und wovon Ihre Zufriedenheit abhängig ist.

Innere Zufriedenheit ist kein Dauerzustand!

Wer meint, dass die innere Zufriedenheit, die bei uns selbst liegt, ein Dauerzustand sein kann, ist einem naiven Irrglauben verfallen. Denn innere Zufriedenheit entsteht im Kopf und ist das Ergebnis von eigenen Erwartungen und ob diese erfüllt werden. Dieses Glücksgefühl lässt sich nicht mit ein paar Übungen dauerhaft fixieren. Dabei spielt uns die Natur einen bösen Streich, da dauerhaftes Zufriedensein biologisch gar nicht zur Grundausstattung gehört.

Die Evolutionsgeschichte zeigt, dass der Mensch sich immer wieder weiterentwickelt und der Denkapparat immer Neues lernen möchte, an dem der Mensch wachsen kann. Es ist kein Zufall, dass Menschen Ansprüche haben und Ehrgeiz entwickeln. Das ist völlig okay, da es ansonsten zum Stillstand kommt. Und dieser Stillstand führt zu Langeweile und schlussendlich zum Tod.

Viele Krankheiten haben hier ihre Wurzeln. Denn durch Unzufriedenheit formuliert sich das eigene Lebensmotto, dass den Menschen antreibt, über den Tellerrand hinauszuschauen, neue Erfahrungen zu sammeln, über die eigenen Grenzen zu treten und zu wachsen. Im Umkehrschluss bedeutet demnach Zufriedenheit, dass es keine Wünsche mehr gibt, nach deren Erfüllung gestrebt werden kann. Daher braucht der Mensch neben

Zufriedenheit auch Unzufriedenheit. Wer Zufriedenheit erreicht hat, befindet sich in einem absoluten Zustand, in dem keine Steigerung mehr möglich ist.

Zufriedenheit im Job und in anderen Lebensbereichen

Es gibt nur ganz wenige Menschen, denen es gelingt, ab und an zufrieden zu sein und diese Zufriedenheit zu erhalten, besonders wenn die berufliche Situation in den Vordergrund rückt. Gerade Menschen, die um die 30 Jahre alt sind, finden in ihrer Arbeit keine Quelle für Zufriedenheit, sondern empfinden puren Stress.

Es gibt keine andere Lebensphase, in der sich der Frust im Job so extrem darstellt. Das haben Wissenschaftler der Universität Groningen herausgefunden.

Grund dafür sind eine aus den Fugen geratene Work-Life-Balance, wichtige Weichen, die für die Karriere gestellt werden müssen und Kinder. Genauer betrachtet, ist es das Privatleben, das der Zufriedenheit im Wege steht. Doch wie sieht es eigentlich im Job selbst aus? Zufriedenheit im Beruf stellt sich dann ein, wenn genau drei Dinge stimmen. Das besagt eine Theorie. Sie umfassen:

- Verdienst
- Arbeitszeit
- Arbeitsklima

Eigentlich ist klar, dass diese drei Punkte wesentliche Faktoren für die Zufriedenheit im Beruf sind. Allerdings entfalten sie erst im Zusammenspiel den besten Effekt.

Verdienst: Menschen, die Spitzenleistung erbringen und diese nicht entsprechend honoriert bekommen, sind dauerhaft frustriert und haben das Gefühl ausgebeutet zu werden.

Arbeitszeit: Selbst die beste Entlohnung bereitet keine wirkliche Freude, wenn nur gearbeitet wird und kein eigenes Leben mehr vorhanden ist. Wer arbeitet, braucht auch immer einen Ausgleich.

Arbeitsklima: Die meiste Zeit des Erwachsenenlebens verbringen Menschen auf der Arbeit mit den Kollegen und mit dem Chef, als mit dem eigenen Lebenspartner. Es wird meist mehr als acht Stunden zusammengearbeitet. Gibt es Unstimmigkeiten im Team oder wird eine Person sogar gemobbt, ist selbst der schönste Job die absolute Hölle.

Wie würden Sie sich entscheiden, wenn Sie einen der drei Punkte priorisieren müssten?
Wenig überraschend ist, dass sich die meisten Menschen für das Arbeitsklima entscheiden. Auch wenn es noch so viel Geld für die eigene Arbeit gibt, ist das kein Trost für ein schlechtes Arbeitsklima. Genauso kann eine 35-

Stunden-Woche keinen Trost spenden. Denn Sie müssen ja immer noch 35 Stunden in der Woche mit diesen Menschen zusammen sein. Das ist auch nicht förderlicher für die eigene Zufriedenheit.

Ist Zufriedenheit Einstellungssache?

Es gibt verschiedene kluge Köpfe, die sich über Zufriedenheit Gedanken gemacht haben. Entstanden sind daraus verschiedene Zitate und Sprüche.

Zitat: *„Der höchste Genuss besteht in der Zufriedenheit mit sich selbst.“* Jean Jacque Rousseau

Zitat: *„Wenn du unzufrieden bist, ändere dein Leben oder deine Einstellung.“* Unbekannt

Zitat: *„Der unzufriedene Mensch findet keinen bequemen Stuhl.“* Benjamin Franklin

Das zentrale Thema der Zitate bezieht sich immer darauf, den Blick auf das eigene Leben zu richten und nicht zu vergleichen. Denn die eigene innere Zufriedenheit ist etwas ganz persönliches, nämlich die eigene Einstellung, die nach innen gerichtet ist. Was der Kollege verdient, der Freund erreicht hat und der Nachbar besitzt, hat gar keinen Stellenwert für Ihre Zufriedenheit.
Menschen, die wahrhaftig zufrieden sind, stellen keine Vergleiche an, sondern haben große Freude am eigenen Leben, so wie es ist. Gibt es kein Gefühl der Zufriedenheit,

sind Sie selbst schuld daran. Denn Sie haben es zugelassen, dass Gier Ihre Zufriedenheit vergiftet.

Zufriedenheit erlangen Sie nicht, wenn Sie mit Ihren Freunden und Kollegen oder dem Nachbarn mithalten wollen. Der Konsum setzt Sie unter Druck, der seine zerstörerische Kraft voll entfaltet. Wer sich das vor Augen hält, stellt schnell fest, dass der Blick für das Positive im Leben nicht mehr vorhanden ist, sondern nur noch der Mangel gesehen wird. Noch schlimmer ist es im Internet auf den sozialen Netzwerken, wo jeder sein scheinbar aufregendes Leben für Millionen von Menschen öffentlich macht. Im Sekundentakt erscheinen neue Einträge und Bilder auf der Timeline, die Neid heraufbeschwören und die Unzufriedenheit schüren. Je mehr Optionen Sie zum Vergleichen haben, desto größer wird die Unzufriedenheit. Nach kurzer Zeit stellt sich ein unglückliches Gefühl ein. Sie haben den Erfolg und Reichtum von Freunden und Kollegen gesehen und möchten auch daran teilhaben oder besser sein. Zuerst ist es vielleicht nur ein ähnlich schickes Auto. Doch recht zügig streben Sie nach größeren Dingen, da Sie immer noch unzufrieden sind. Sie haben vergessen, was Sie in Ihrem Leben bereits erreicht haben und was Sie alles besitzen, sondern führen sich nur noch vor Augen, was Ihnen alles fehlt. Es stellt sich Neid ein, der an Ihrer Seele nagt. Daher ist ganz klar, dass sich keine Zufriedenheit einstellen kann.

Was passiert, wenn Sie aufhören sich mit anderen Menschen zu vergleichen?

- ➡ Sie empfinden Freude für die Dinge, die Sie bereits haben!
- ➡ Defizite haben kein großes Gewicht mehr!
- ➡ Ihre Konzentration legt den Fokus auf Ihre eigenen Ziele!
- ➡ Sie stärken Ihr Selbstbewusstsein und werden selbstbewusster!
- ➡ Sie spüren das Gefühl von Zufriedenheit und Dankbarkeit!
- ➡ Sie fühlen sich glücklicher!

Tipps und Wege, um Zufriedenheit zu erlangen

Das Grundgefühl von Zufriedenheit entsteht, wenn die eigenen Erwartungen und Ansprüche ausgeglichen beziehungsweise erfüllt sind. In diesem Satz versteckt sich bereits ein interessanter Lösungsansatz. Denn Sie alleine haben es in der Hand, die Ansprüche zu bestimmen und damit festzulegen, wie viel und was Sie dafür benötigen, um Zufriedenheit zu erlangen. Um dieses positive Gefühl zu erreichen ist es essenziell, dass Sie nicht auf Ziele verzichten, sondern auf dem Weg zur Zielerreichung die jetzige Phase des Lebens mit ganzem Herzen und Verstand akzeptieren.

Sie haben bestimmt schon einmal von der Geschichte „Hans im Glück" gehört, der einen Klumpen Gold bekommen hat und diesen so lange tausche, bis er schließlich eigene Schleifsteine bekam, die für ihn zur Belastung wurden. Als diese in einen Brunnen gefallen sind, stellte sich bei Hans Erleichterung und Zufriedenheit ein. Meist ist das Verhalten von vielen Menschen genau andersherum. Es werden Lasten gesammelt und glücklicher werden sie dadurch nicht.

Was macht denn nun einen glücklichen und zufriedenen Menschen aus?

Diese Frage haben sich bereits Menschen in grauer Vorzeit gestellt. Doch in den letzten Jahrzehnten rückte sie immer mehr in den Fokus der Wissenschaft. Schlaue Köpfe haben sich damit beschäftigt und sind zu unterschiedlichen Ergebnissen gelangt, die sich letztendlich im Kernpunkt auf der Erkenntnis eint, die schon im Märchen von Hans im Glück angewendet wird. Zufriedenheit kann man nicht kaufen oder kontrollieren, sondern begründet sich auf der eigenen Einstellung, die aus einer Entscheidung erwächst!

Diese Nachricht ist doch perfekt! Denn sie besagt, dass Zufriedenheit erlernbar ist, indem Sie sich unabhängig von Umständen machen. Und nun erhalten Sie einige Tipps, um die Zufriedenheit im Alltag zu steigern:

Seien Sie für die Dinge, die Sie haben dankbar!
Wenn Sie nur schauen, was andere haben, vergleichen und versuchen, es diesen Menschen gleichzutun, stellt sich keine Zufriedenheit, sondern Unzufriedenheit ein. Schauen Sie lieber auf die Dinge, die Sie erreicht haben und seien Sie dafür dankbar. Eine Empfehlung des Psychologen Rolf Merkle lautet: Schreiben Sie 10 Dinge

auf, für die Sie dankbar sind. Anschließend machen Sie die Augen zu, atmen ein paar Mal richtig durch und fokussieren Sie die Gedanken auf diese wundervollen Dinge, für die Sie Dankbarkeit empfinden.

Merken Sie sich schöne Augenblicke! Leider kommt es immer wieder vor, dass negative Dinge oder ein Missgeschick einen ganzen Tag zu einem schlechten Tag machen. Leider erinnern wir Menschen uns in der Hauptsache an negative, peinliche Momente und damit verlieren wir den Blick für die schönen Sachen. Genießen Sie die Gegenwart, malen Sie sich schöne, positive Gedanken aus und vergeuden Sie keine Zeit damit, in die Vergangenheit zu reisen. Darin finden Sie Zufriedenheit und Glück.

Gestalten Sie Ihre Gedanken optimistisch! Durch chronischen Pessimismus verhindern Sie, dass sich Zufriedenheit einstellt.
Wenn Sie alles nur Schwarz sehen und schlechtreden, haben Sie genau den falschen Weg gewählt, damit Zufriedenheit bei Ihnen einzieht. Stattdessen sollten Sie versuchen, Dinge öfter positiv zu sehen und die volle Konzentration auf Lösungen zu legen. Dann werden Sorgen und Probleme kleiner.

Entdecken Sie Ihre Kreativität! Jeder Mensch hat sie und kann sie jeden Tag durch schöpferische Ideen zum Ausdruck bringen. Denken Sie daran: „Kreativ sein macht glücklich!“ Das ist sogar nachgewiesen. Wenn Sie das Erreichte betrachten, stellt sich ganz automatisch ein zufriedenes Gefühl ein. Außerdem werden Sie obendrein noch selbstbewusster!

Umgeben Sie sich mit Ihrer Familie und guten Freunden! Da der Mensch sozial stark ausgeprägt ist, sollten enge Beziehungen gepflegt werden, nicht nur zur Familie, sondern auch zu Freunden. Denn daraus können Sie Kraft schöpfen. Sie fühlen sich wohl und geborgen. Daraus ergibt sich das Gefühl der Zufriedenheit. Einsamkeit hingegen sorgt für Frust und macht darüber hinaus unglücklich.
Halten Sie die Verbindung zu Menschen aufrecht, die Ihnen etwas bedeuten, wichtig für Sie sind und Ihnen ein gutes Gefühl geben.

Gehen Sie raus an die frische Luft! Das hat zwei positive Effekte. Sie können beispielsweise beim Spazierengehen unterschiedliche Eindrücke auf nehmen, die Ihnen die Natur bietet und gleichzeitig die Produktion von Endorphinen ankurbeln. Diese Hormone machen zufrieden und glücklich. Dafür brauchen Sie nicht gleich zum Leistungssportler zu mutieren. Es reicht schon aus, wenn Sie regelmäßig Sport treiben und sich bewegen.

Greifen Sie zu inspirierendem Lesestoff! Sie müssen nicht jeden Gedanken selbst entwickeln, sondern können sich genauso von anderen inspirieren lassen. Es ist schon ausreichend, wenn Sie sich jeden Tag mit einer positiven Idee gedanklich beschäftigen. Eine gute Möglichkeit, um dieses zu bewerkstelligen ist lesen. Wer positive Gedanken aufnimmt, kann damit sogar eine negative Einstellung verbannen oder ins Positive wenden.

Gönnen Sie sich Zeit mit sich selbst! Auch wenn sich das nicht immer so leicht bewerkstelligen lässt, sollten Sie immer daran denken, dass diese Zeit einen sehr wirkungsvollen Effekt erzielt. Durch diese regelmäßige Auszeit finden Sie Ruhe, werden belastbarer und erlangen Zufriedenheit. Machen Sie in der Zeit mit sich selbst die Dinge, die Ihnen Freude bereiten und Spaß machen.

Seien Sie zufrieden! Dieser Satz wiegt schwerer, als Sie vielleicht denken mögen. Sie sind kreativ, treiben Sport, lesen gute Bücher und trotzdem sind Sie nicht zufrieden. Woran liegt das? Vielleicht ist Ihre innere Einstellung noch nicht dort angekommen, weil Sie immer noch die falschen Entscheidungen treffen, um zufrieden zu sein.

Zufriedenheit erlangen Sie nur, wenn Sie sich ganz bewusst dafür entscheiden!

Erfolgsfaktoren, die im Leben wichtig sind

Es wird oftmals davon ausgegangen, dass kreative Genies, erfolgreiche Gründer, Investoren und angesehene Führungspersönlichkeiten mit einem hohen IQ ausgestattet sind, durch den diese Personen den Erfolg erreicht haben. Diese Annahmen sind allerdings sehr allgemein, einfach gestrickt und zeigen ein falsches Bild.

Natürlich ist ein gut funktionierendes Oberstübchen hilfreich, wenn es darum geht, um Ecken zu denken, Zusammenhänge zu erkennen und Lösungen zu finden. Mit solchen Eigenschaften ist man der Konkurrenz eine Nasenlänge voraus. Doch der IQ ist nicht alleine entscheidend. Er hat nur eine unterstützende Rolle inne, wenn es darum geht, im Leben erfolgreich zu sein. Ein wichtiger Faktor ist die menschliche Komponente, die sich aus emotionaler Intelligenz, mentaler Stärke, Resilienz, Geduld, Emotionsregulation, Selbstbeherrschung, Empathie, Selbstbestimmtheit, Authentizität, Verantwortung und Bewusstsein, soziale Kompetenz, Rückhalt und Optimismus zusammensetzt.

enschen suchen sich immer Personen, deren Persönlichkeit einen besonderen Wert für sie hat. Diese Menschen geben den Anreiz, sich selbst weiterzuentwickeln und sorgen dafür, dass wir unser Selbstbewusstsein aufbauen, Stärke erlangen, Mut bekommen, um über den Tellerrand hinauszuschauen, uns ein Stück weit mehr kennenlernen, erkennen, welches Potenzial in uns steckt und wie sich Glück, sowie Zufriedenheit erreichen lässt. Es gibt 13 Erfolgsfaktoren, die sehr hilfreich sind:

Sie besitzen **Leidenschaft** und gehen damit jede gestellte Aufgabe im Leben an. Gerade wenn es schwierig wird, erzeugt dieses leidenschaftliche Gefühl und die Motivation, um weiterzumachen und erfolgreich zu sein. Darum sollten Sie herausfinden, wofür Ihr Herz schlägt und diese Energie nutzen, um genau an dieser Sache zu arbeiten. Sie brauchen nicht den IQ von Einstein, um mit Leidenschaft an eine Sache heranzugehen, da Sie die Bereitschaft besitzen, mehr investieren zu wollen.

Geduld: Immer muss alles sofort sein und nichts geht schnell genug. Genau das ist die falsche Denkweise. Sie dürfen bei Veränderungen, genauso wenig, wie bei den Lernprozessen, die Sie durchlaufen, um mehr Zufriedenheit, positive Gefühle und emotionale Intelligenz zu erreichen, alles sofort wollen. Es gibt keinen Schalter zum Umlegen. Nur Schritt für Schritt gelingt eine Veränderung. Darum sollten Sie Geduld haben und jeden kleinen Fortschritt zu feiern. Das gilt für alle Bereiche, für die Persönlichkeitsentwicklung und Entwicklung von Fähigkeiten. Wer ungeduldig ist, schadet nur sich selbst.

Resilienz: Es gibt keinen Menschen, der frei von Fehlern ist und keine Rückschläge oder Krisen erlebt. Es kommt allerdings immer darauf an, wie Sie damit umgehen. Den Kopf in den Sand stecken hat noch niemanden weitergebracht. Genauso können Sie aber aus Rückschlägen und Misserfolgen gestärkt hervorgehen, wenn Sie daraus gelernt haben und es beim nächsten Mal besser machen. Resilienz bedeutet nichts anderes, als sich nicht unterkriegen zu lassen, ganz gleich, wie schwierig die Situation auch sein mag. Sie suchen nach neuen, besseren Lösungen. Ihre Devise lautet: „Hinfallen, aufstehen, Krone zurechtrücken, weiter machen!"

Authentizität: Bedeutet, dass Sie sie selbst sind, sich nicht verstellen und keine Maske aufsetzen, nur um anderen zu gefallen! Sie zeigen Ihr wahres Gesicht. Leider können das viele Menschen nicht und verbiegen sich, nur um die Erwartungen anderer zu erfüllen. Damit sind Sie genau so, wie andere Sie haben wollen und nicht authentisch! Sie verleugnen sich selbst und vergessen dabei Ihre eigenen Stärken und Schwächen, die Ihre Persönlichkeit ausmachen. Es wird sich nur darauf konzentriert, das gewünschte Bild aufrechtzuerhalten, anstatt zu schauen, welche Fortschritte bereits gemacht wurden. Authentische Menschen hingegen setzen ihre Qualitäten ein und werden damit wirklich erfolgreich, zufrieden und glücklich.

Verantwortungsbewusstsein: Es fällt gar nicht schwer, die Verantwortung für die eigenen Erfolge zu übernehmen. Doch wie sieht es mit Misserfolgen, Fehlern und Kritik aus? Menschen mit einem hohen Verantwortungsbewusstsein sind in der Lage, für Misserfolge und Fehler geradezustehen. Gleichzeitig wird diese Gelegenheit dafür genutzt, eine Lösung zu präsentieren und das Problem zu beseitigen. Menschen mit Verantwortungsbewusstsein sind hervorragende, gewissenhafte Strategen, die ihre Verantwortung ernst nehmen.

Selbstbeherrschung und Emotionsregulierung: Es gibt immer wieder Situationen, in denen Sie aus der Haut fahren möchten und dem Gegenüber seine Unzulänglichkeit ins Gesicht sagen wollen. Ein solches Verhalten ist kontraproduktiv und richtet nur großen Schaden an. Wer die eigenen Gefühle kontrollieren kann und weiß, wie Emotionsregulierung funktioniert, kann mit den eigenen Emotionen viel besser umgehen und diese in eine andere Richtung lenken. Selbstbeherrschung und Emotionsregulation sind eng verbunden mit Selbstdisziplin. Denn Sie bieten Ihrem inneren Schweinehund die Stirn und zeigen ihm, dass er keine Macht über Sie hat.

Offen gegenüber neuen Erfahrungen: Wer über den Tellerrand hinausschaut und neugierig ist, findet viele neue Chancen und Möglichkeiten, die anderen Menschen verborgen bleiben. Neugier sorgt dafür, dass Sie Zusammenhänge besser verstehen, wenn vorhandene Strukturen und Abläufe hinterfragt werden. Wer offen gegenüber neuen Erfahrungen ist, akzeptiert Veränderungen und hat keine Angst davor. Denn neues kann durchaus sehr positiv sein und die Erfolgsaussichten deutlich steigern.

Selbstbestimmtheit: Sie haben eigene Ziele und den Weg. Um diese zu erreichen, bestimmen Sie selbst. Sie sind keine Marionette, die sich die Ziele von anderen Menschen diktieren lässt. Denn damit würden Sie den wichtigsten Erfolgsfaktor, nämlich die Selbstbestimmtheit, komplett ignorieren. Dinge, die anderen Personen guttun, müssen bei Ihnen nicht die gleiche Wirkung erzielen oder in Ihr Lebenskonzept passen. Jeder Mensch ist individuell und sollte dementsprechend auch die eigenen Ziele gestalten. Gehen Sie Ihren Weg in Richtung Selbstverwirklichung, hören Sie sich das Feedback und Kritik von anderen an, um eventuell die eigene Strategie zu überdenken und daran zu feilen.

Nur lassen Sie sich **NIEMALS** von Ihren eigenen Wünschen, Vorstellungen und Ihrem selbstbestimmten Handeln abbringen.

Empathie: Wer im Leben erfolgreich, glücklich und zufrieden sein möchte, begegnet vielen unterschiedlichen Menschen, die sicherlich in vielen Dingen eine andere Meinung vertreten. Natürlich können Sie stur an Ihrer eigenen Sichtweise festhalten. Sie können sich aber auch in die anderen Menschen hineinversetzen, empathisch sein und gemeinsam ein Stück des Weges gehen. Gespräche und Diskussionen scheitern oftmals daran, dass keine Empathie-Bereitschaft vorhanden ist. Denken Sie immer daran, dass der andere Blickwinkel oft viele neue Erkenntnisse bereithalten kann, die durchaus wichtig sind.

Rückhalt: Viele Menschen glauben, dass sie niemanden brauchen, alles alleine schaffen und sich selbst genug sind. Dieses Selbstbewusstsein vertritt die

Einstellung: „Einer-gegen-alle". Doch genau das kann nicht funktionieren.

Ein soziales Wesen braucht den Rückhalt von anderen, die hinter der Person stehen, den Rücken stärken, Anerkennung zum Ausdruck bringen aber auch konstruktive Kritik äußern dürfen. Meist sind die Menschen, die diesen Rückhalt geben, aus der Familie oder dem Freundeskreis. Sie geben große Sicherheit und stehen hilfreich zur Seite, wenn schwierige Phasen eintreten oder große Hürden genommen werden müssen. Die Personen verlieren nie den Glauben an Sie, egal ob Sie scheitern. Das Wissen stärkt das Selbstbewusstsein, sodass Entscheidungen selbstbewusster getroffen werden können.

Ambitionen: Die eigenen Ambitionen sind ein wichtiger Faktor, um zufrieden und glücklich zu sein. Sie wählen mit Aufmerksamkeit und Achtsamkeit Ihre Ziele aus, die auch ruhig größer ausfallen dürfen. Durch eine ausgeprägte emotionale Intelligenz haben Sie viele Fähigkeiten, die Sie einsetzen können, um an Ihren Zielen zu wachsen und immer weiter auf die Zielerreichung hinzuarbeiten. Sie haben die Bereitschaft, Herausforderungen anzunehmen und über den Tellerrand zu schauen, ohne dass Ihnen Ihre Emotionen einen Strich durch die Rechnung machen. Nur wer die richtige Einstellung und Überzeugung hat, meistert jede Herausforderung. Es stellt sich die Entwicklung der richtigen Grundhaltung ein, die zu Erfolg, Glück und Zufriedenheit führt.

Optimismus: Er ist wichtig, weil Sie damit den Glauben an sich selbst haben, dass Sie alles erreichen können. Haben Sie diesen Glauben nicht und eher eine pessimistische Einstellung, werden Sie voraussichtlich niemals Ihr gewünschtes Ziel erreichen. Sie selbst sind derjenige, der die selbsterfüllende Prophezeiung in der Hand hat. Denn durch Ihre Denk- und Handlungsweise beeinflussen Sie unbewusst, welcher Ausgang Ihnen beschert wird. Negative Gedanken sorgen dafür, dass Ihre Befürchtungen genau so eintreten, wie Sie sich das gedanklich ausgemalt haben. Damit erlangen Sie weder Glück noch Zufriedenheit. Programmieren Sie Ihre Denkweise in positive Gedanken um. Damit fördern Sie Ihren Erfolg, blicken positiv in die Zukunft und können entspannt das Hier und Jetzt erleben. Die Chancen, die sich jetzt für Sie ergeben, sind schier unendlich.

Soziale Kompetenz: Wer ein funktionierendes Netzwerk besitzt, die Fähigkeit hat, gemeinsam mit anderen ein Projekt zum Erfolg zu führen und auf einem Event Smalltalk betreiben kann, hat eine ausgeprägte, soziale

Kompetenz. Es gibt aber noch weitere Merkmale, die für soziale Kompetenz stehen. Alle zusammen ergeben einen wichtigen Faktor für Erfolg, Zufriedenheit und Glück. Menschen mit sozialer Kompetenz sind gute Zuhörer, sind hilfsbereit und pflegen einen guten Umgang mit anderen Menschen. Sie können sich in andere hineinversetzen, Gefühle von anderen verstehen, eigene Emotionen kontrollieren und besitzen emotionale Intelligenz.

Mit sich selbst ins Reine kommen und zufriedener werden

Jeder Mensch erlebt in seiner Entwicklung immer wieder Veränderungen, die Einfluss auf die Persönlichkeit haben. Mitunter verlieren wir den Glauben an uns selbst und an unsere Fähigkeiten.

Doch gerade unsere Fähigkeiten haben wir in nicht modulierter Form mit in die Wiege gelegt bekommen. Daher hat es jeder Mensch selbst in der Hand, aus dem Rohdiamanten einen funkelnden Diamanten herauszuarbeiten. Es bedeutet viel Arbeit, ständige Motivation und benötigt eine große Portion Willenskraft, um das eigene „Ich“ zu formen, Denk- und Handlungsweisen zu verändern, Zufriedenheit zu erlangen und endlich glücklich zu sein. Achtsamkeit, emotionale Intelligenz, Emotionsregulation und Zufriedenheit sind erlernbar und geben Ihnen das, wonach Sie auf der Suche sind.

Sie erkennen sich selbst, Ihre Stärken und Schwächen, fangen an, sich selbst anzunehmen und verändern Ihre Einstellung zu vielen Dingen.

Sie streben nicht mehr danach, was andere haben, sondern finden Zufriedenheit in den Dingen, die Sie bereits erreicht haben.

So bleiben Sie nicht auf der Stelle stehen, sondern entwickeln sich selbst und Ihre Persönlichkeit weiter.

Leoni Herzig

Wenn Sie noch **mehr** über **persönliches Wachstum** lernen möchten, dann besuchen Sie doch gerne meine Autorenseite auf Amazon.
Dafür einfach **Leoni Herzig** in die **Amazon Suchmaske eingeben.**

Urheberrecht

Haftungsausschluss und Impressum

Der Inhalt dieses Buches wurde mit sehr großer Sorgfalt erstellt und geprüft. Für die Richtigkeit, Vollständigkeit und Aktualität des geschriebenen kann jedoch keine Garantie gewährleistet werden. Sowie auch nicht für Erfolg oder Misserfolg bei der Anwendung des gelesenen. Der Inhalt des Buches spiegelt die persönliche Meinung und Erfahrung des Autors wider. Der Inhalt sollte so ausgelegt werden, dass er dem Unterhaltungszweck dient. Er sollte nicht mit medizinischer Hilfe verwechselt werden. Juristische Verantwortung oder Haftung für kontraproduktive Ausführung oder falsches Interpretieren von Text und Inhalt wird nicht übernommen.

Impressum

Autor: Max Krone
vertreten durch:
MAK DIRECT LLC
2880W OAKLAND PARK BLVD, SUITE 225C
OAKLAND PARK, FL 33311
FLORIDA

Printed in Poland
by Amazon Fulfillment
Poland Sp. z o.o., Wrocław

81831248R00058